D0729484

Anotaciones para un archivo

manjuarí / poesía

Alejandro Fonseca

Anotaciones para un archivo

Prólogo: Lourdes González

Edición: Alex Pausides
Diseño: Elisa Vera
Ilustracion de cubiera: Sigfredo Ariel
Corrección: Thelma Jiménez
Composición computadorizada: Onelia Silva Martínez

ISBN 959-209-252-4

Ediciones UNIÓN
Unión de Escritores y Artistas de Cuba
Calle 17 no. 354 e/ G y H. El Vedado, Ciudad de La Habana

Prólogo

*D*entro del país, Holguín posee y muestra una privilegiada composición poética. Con el solo antecedente de Adelaida del Mármol en el siglo xix algunos nombres que en los años cincuenta ayudaron a mantener los espacios literarios existentes, la década del sesenta es asistida por sorprendentes voces que, diferentes, comienzan a habitar la ciudad.

Alejandro Fonseca Carralero es dueño de una de esas voces. Nacido en 1954, publica su primer poema en la efímera revista Jigüe, y no es hasta 1986 que puede tener un cuaderno editado donde se recoge su obra.

Inocentes, temerosos, urbanos, amigables, estos versos denuncian a la ciudad. El protagonismo se lo deja el poeta a los sitios que testimonian su lento andar de habitante insatisfecho, en una búsqueda incesante del mar y de sus atributos universales, entre los que él destaca la libertad.

Cuatro títulos de este primer libro bastarían para calificarlo como poeta: «Ella concierta un diálogo con el tiempo», «Buey», «Advertencia a Francisco de Quevedo» y «Bajo un cielo tan amplio».

Nuevamente lo cotidiano repetido tiende su trampa y el poeta persiste en encontrar dentro de la ciudad una explicación del mundo. El año 1988 lo encuentra también lleno de preocupaciones:

Siglo mío
mis ojos son pequeños para ver

Es su segundo libro y realmente son pequeños sus ojos para ver porque están aguzados hacia las cosas que lo rodean. Circuitos, transparencias, perfiles, sucesiones que lo obsesionan y con los que pretende describirnos de otro modo la vida o de algún modo otra vida, imaginada ya fuera de sus lindes.

A su tercer cuaderno llegó Alejandro Fonseca con la seguridad de quien ha encontrado un asidero para comunicar sus verdades, y esas verdades, coincidentes o no con las nuestras, escritas con el fervor de una inocencia bien cuidada, sientan credenciales en el territorio de la Literatura.

Por latitudes de luz prolongándose
mis ojos empiezan a desnudar el fondo del paisaje

Después de muchos viajes a la Palabra, Alejandro ha hecho posible los exorcismos y las confesiones que sus lectores ya demandan de él, acostumbrados a encontrar en sus textos extensiones donde el amor por lo cercano y el asombro ante lo que nos es dado imaginar lejano, los redimen.

Él ha definido su tempo en la escritura y transita con las palabras por oscuras verticales, en una

*intimidad cada vez más profunda, y de esos inte-
riores sale la luz que delimita el cuerpo de su poesía. Él no nos habla mirando hacia afuera, él nos
habla de lo que, oculto por los años, las costumbres
y los fracasos, yace dentro, muy dentro, madurando-
do, en navegaciones de calma y dolor, de esperas,
volviéndose a los rostros que hemos ido consumien-
do y con los que hemos transgredido nuestros límites geográficos, buscando siempre la absolución
para todos:*

Ábrete Sésamo
sé benevolente con nosotros
que no somos precisamente los deudores
sino gente que ha visto arder
más de una vez
sus cuerpos en inmensas hogueras

*En los últimos poemas que escribe, muestra una
nunca perdida dicha ante la inocencia, la ingenui-
dad que ya su cifra le niega permanece en su recuerdo fija y clara. Y lo que fueron trampas ahora
son redes —otra trampa al fin— que el poeta tiende ante nuestros ojos, advirtiendo de nuevo. Y hay
que escribir que su afán de preservar la inocencia
no es afán por preservar la ignorancia, todo lo con-
trario, el poeta sabe, nos lo indica, y luego, para
salvarse, pretende de nuevo su perdida inocencia.
Un día tras otro en una misma ciudad, obser-
vando y sobreviviendo a los pequeños cataclismos
propios de una vida de cuatro décadas, han fortale-
cido su poder sobre la descripción de lo interior, han*

perfeccionado su habilidad para escoger palabras con que contar lo que piensa de su tiempo. Días y memorias que aprovecha para el verso. Leves alusiones —como las de sus citados horóscopos— a lo externo dejan mejor dibujadas las diferencias. Las ventajas de habitar una ciudad todo el tiempo, sin posibles escapes ni, por tanto, comparaciones; con una realidad única parecida sólo a sí misma, están aún por definirse. Para esa posible definición aparece y queda la poética de Alejandro Fonseca, y sus signos trazados develando los poderes de la imaginación con talento y credulidad. Disfrutemos al amparo de estos versos.

LOURDES GONZÁLEZ HERRERO
Holguín, julio de 1998

a mi madre,
a Maricela Espinosa

1

*...la mañana del mundo y de todos los días
entrega su mensaje de doradas palabras*

EFRAÍN HUERTA

Domingo

Inocencia de rostros diminutos
que se asoman allá en la infancia,
entre piñatas cargadas con la furia del demonio,
aquel mismo domingo que me vistieron de payaso
ante el misterioso instante del fotógrafo.

Recuerdo las horas enteras en la puerta
donde esperaba oír nombres silvestres,
que según mi madre erraban por la loma
y en el momento menos pensado
traerían una alegre sorpresa.

Sin embargo, la noche era rondada por el miedo;
veía mi cuerpo en el fondo del aljibe
y la casa ardiendo contra la brisa de la madrugada.

Por entonces acariciábamos la esperanza con
cierta sospecha,
porque seguíamos pequeños, tan pequeños
como la yerba que crece junto a los árboles
    del patio.

Casa

Sucesión de mi casa sin fin, en la memoria...

PABLO ARMANDO FERNÁNDEZ

1

Soy el fiel que en el espejo de la casa
mira la suerte de la vida.
Desde aquí conozco la presencia de los pueblos
a donde he ido a buscar el mar
y la expansión irresistible de sus aguas.
Aquí también fui el muchacho
alentado por el fuego del hogar,
el que todas las tardes
hacía un recorrido por las calles del barrio
(entre su sombra y la sombra de los árboles)
tratando siempre de alcanzar
un mundo lleno de asombro

2

A veces en esta casa hay nombres y sitios
que no encuentro en el orden de los días
(un perro feroz en el sueño me ladra).
En la sala, en los vapores de la memoria,

las palabras se ajustan a predicciones,
a desmanes que la muerte ha hecho con su mano.
En el mismo lugar,
la lámpara no abandona su luz infinita
Fresca llega la quietud de la noche,
y contra el paso insalvable de las horas,
se abre una de tantas mañanas.
Afuera los gorriones comienzan a viajar
de un pedazo de cielo a otro pedazo de cielo.

Aquí el mar

Frente a estos muros lavados por la lluvia
el mar se hace grande en los ojos de la primavera.
Un aletear de aves insaciables
cruza por los patios de los días.
Y el recuerdo
              (cuerpo bajo las sombras)
viaja por el salitre de las calles.

A través de los mangles
se abren playas en la noche
y los botes
              torpemente se alejan
deshaciendo el encanto de los peces.

De una orilla a otra orilla
arrecifes muertos de silencio,
perros en el sopor de los portales,
todo rodeado por el mar
que se resiste monótono al tiempo.

Gibara, 1983

Ciudad con nosotros

para Valerio Bringas

Entre perezosos golpes de agua
se hace la tibia desnudez de esta ciudad,
en un litoral abierto a nuestros músculos,
que suelen tenderse a contemplar
cómo espaciosamente cruza algún navío.
Pero incrédulos a cualquier canto de sirenas,
a la imagen de extraviados galeones,
sabemos yacer a lo largo de la costa
ejerciendo la costumbre de sabios animales,
para tener un pedazo azul de mundo entre
       las manos,
que tanto nos pertenece.

Poema para María

Todo fue fácil al comienzo en aquella habitación;
éramos alegres animales que buscaban su fondo.
En medio del calor de los meses
perdimos el miedo de poseernos.
Había una piel para tocar mi cuerpo,
un sitio seguro donde discurrir los días
y yo conforme con tu aliento y tú con el mío,
olvidamos ciertas privaciones.
Pero al final todo fue en vano;
el amor quedó suspenso como un punto de humo,
imposible de compartir.

Entonces esperar era un hábito dulce

Nada pudo contener las ansias
de irnos al furtivo rumor de los barrios
y a esas zonas recién descubiertas
a las que se viaja como al mismo recinto
    de la suerte.
Cada portal, cada resquicio, cada trecho
    de las calles
era el universo incitándonos a buscar en él
    sus voces,
sus sabios preceptos.

El cielo fue una constante primavera,
concebimos un lugar para los recuerdos,
para ciertos pasajes que iban quedando
definitivamente en nuestros cuerpos.

La música limpia de las plazas
se unía al brillo de las noches;
entonces esperar era un hábito dulce.
Complaciente veíamos la rapidez de las imágenes
a través de las tiendas luminosas.

Compartimos abrazos en los cines
y a veces oíamos la elocuencia de Nicolás, el loco,
que con ademanes terribles,
descifraba algún perdido sistema.

De súbito nos encontramos
con el rostro tenso de la madrugada
y de una iglesia hundida entre los años
escuchábamos sus campanadas profundas,
semejantes al primer día.

Pero esta no fue la hora del regreso,
aún nos quedaba el regocijo
de saber que mañana, hijo ausente,
llegaría con la alegre sorpresa de existir.

Bajo un cielo tan amplio

Después de haber amado el paisaje claro
        de un cuerpo,
de abandonar el deseo en las extensiones largas
        de sus muslos,
después que ha partido hacia una dirección
        inexacta,
qué nos puede proporcionar la noche
y en cuál de sus tantos espacios
encontraremos el ansia pasada,
si a esta hora sólo quedan los ruidos incoherentes
        de la ciudad
y el rumbo estricto de las calles
conduciéndonos a la casa,
a la casa enclavada en un verano sigiloso
donde las plantas transpiran y su quietud asusta.

Más tarde sería un acto imposible abrir
        las ventanas.
La oscuridad no contiene un pájaro dorado
ni un ademán azul y alegre creciendo ante
        nosotros

Únicamente se reciben las mansas,
las difusas imágenes en los contornos,
en este inmenso vacío
en el que no habrá de nuevo el paisaje claro
    de un cuerpo
a pesar de estar, de habitar bajo un cielo tan
    amplio.

En un día claro del tiempo

En un día claro del tiempo se abrirán tus brazos
para esta suerte de grumete
                        que a veces soy.
Y sin puertas que de pronto se cierren
ni abismos
          ni deudas
              ni sospechas,
en una casa
        abierta
(con niños en el fondo de su dicha)
tocaré tu rostro,
            llegaré alegre a tu corazón.

Tres variaciones

para Rafael Urbino Nates, in memoriam

1

En el traspatio de la adolescencia
hubo sueños, manos acariciando tu piel
y una ciudad que venía desde lejos
trayendo exaltaciones, nombres de mujeres
y la palabra lenta del insomnio de la medianoche.
Un temor huía por los recodos,
mientras el gato (amarillo como siempre)
hurgaba entre las tejas
cargando en su pelambre la desidia.
Cada año que cruzaba por tus ojos
era un palmo de tu imagen
que iba quedando en el color de las hojas,
junto·al pozo, contra el cielo.

2

De pronto has quedado solo,
pensando en los viejos y altos árboles de afuera,
en una infancia de nombres y frutos
que llega siempre oscura a tu memoria.

Ahora, entre las paredes añosas de la casa
no sientes la seguridad,
tampoco confías en la costumbre de verte
noche a noche en una ciudad sin sorpresas
a donde vas a imaginar acontecimientos,
a esas figuras que se aproximan,
te llaman por tu nombre y preguntan por la suerte.
Te reconoces hombre
en el momento en que no tocan a la puerta
y como único propósito nadie viene a palparte,
a tomar tus ojos que tanto creen y viven.
Sólo el tiempo te asedia
y poco a poco en tu cuerpo aparecen signos,
        temores,
y se hace más grande, más terrible,
como un lugar prohibido, el recuerdo.

3

Es fácil regresar por las mismas calles
que un día de peligrosa soledad te vieron,
sólo que ahora tienen sonidos de objetos
        diferentes.
En la casa la última primavera se ha ido sin
        decirnos nada
y la sombra del cactus fue deshecha por el viento.
La respiración entrecortada de la madre
no se siente de un lado a otro en la cocina
como en aquellas mañanas tibias
que ahuyentaban la ausencia de los cuartos.
Cierto es que el cielo no ha cambiado;
por él fluye todavía ese animal

que se instala en cada constelación,
tendiendo sus coartadas
sobre este barrio rondado por el mismo
    crepúsculo.

No es una simple navegación

Persiguiendo en la sombra vana quimera

JULIAN DEL CASAL

Recordarás que una mañana se abrieron tus ojos
en una tierra que ya no habitas.
Aquí aprendiste las primeras palabras
cuando aún no alcanzabas a abrir las puertas
        de la casa.
En el barrio sentiste el sabor a fruta de los patios
y el azoro de la lluvia en tu cuerpo.
Recordarás los antiguos cuadernos
y ese amor que largo tiempo
deambuló por cada rincón de tu adolescencia.
Asististe a las plazas como uno más,
allí confesaste sueños, verdaderos anhelos,
sin conocer el áspero minuto de la persecución.
Ahora te has ido a direcciones que no conoces
y en tu difusa esperanza
no habrá brújulas ni horizontes,
porque cambiar esta vida hecha entre tantas manos,
no es una simple navegación hacia lejanas
        quimeras.

Holguín, 1980

Ella concierta un diálogo con el tiempo

a mi madre

Todas las mañanas
ella concierta un diálogo con el tiempo
y a medida que por sus manos sale la vida
por su piel poco a poco entra la nada

Hay caminos memorables
(endurecidos por tanto abandono)
que entre los días le hablan
en aquel idioma siempre mustio
de un pueblo enteramente pequeño.

Ella en ocasiones descorre los labios
en un rictus de reproche,
pero en familia nada sucede.

Palidecen los recuerdos,
los cuentos de difuntos en las noches
y la cal blanca en las paredes
ha ido desapareciendo
para que otros colores, más vivos,
llenen la casa.

Advertencia a Francisco de Quevedo

Tal parece que intentas hacer tu arribo,
que regresas a llenar nuestros ojos con un tanto
    de tu vida,
y a brindarnos lo que
en otros campos fecundaste.
Pero antes, hemos de advertirte
que esta no es aquella tu lejana época,
en que solazabas del silencio por infinitas
    callejuelas,
donde la perennidad del espíritu era la paz
y el vino, una dócil materia que al menos aliviaba.
Ahora le sería imposible a tu ávida existencia
reconocer las nuevas formas,
a los extraños símbolos que se abren en la noche,
y te asustaría la presencia de esas complicadas
    máquinas
que todo lo conocen experimentadamente.
Es triste, definitivo querido Francisco,
que no podamos (en una tarde extensa de este
    mundo)
emocionarnos con la furia de un río desatado,

y amartelar esas llamas que tanto arden en medio
   de las aguas.
Entonces, es mejor que no intentes hacer tu arribo

Poema

a Rodolfo de la Fuente

Ni las palabras más sabias,
ni la presencia de la tarde más hermosa
contendrán el impulso de tus pasos;
buscarás el calor de sus manos
en cualquier estación del mundo
y andarás las calles,
las avenidas de los pueblos
hasta encontrar su verdadero nombre.

Guardia

Donde el árbol cruje movido por el viento
y la lluvia no hace más que desolar
diabólicamente la tierra,
allí existe el hombre de espaldas limpias
sin miedo que lo asedie,
allí piensa, vigila,
no deja un instante de recordar la casa,
la dimensión de sus rincones
y la última muchacha que tocó sus sábanas,
que ahora regresa con el tumulto de la noche.
Allí el espanto de un ave nocturna,
el insomnio, la madrugada,
la esperanza de ver nuevamente el día
para abrirse paso.

Un poco de tu suerte

Irse en uno de estos vagones
no es sólo cambiar el paisaje;
es lanzarse a la perennidad de los campos,
conocer pequeños pueblos, militares somnolientos
y esos cuerpos que te rozan
sin llegar a conocer de ellos una palabra.
Pero es necesario compartir este paisaje,
dedicarle un poco de tu suerte
y creer, sobre todo,
en esa gente que va apareciendo en los andenes,
alzando los brazos,
despidiendo al que se aleja.

Pensando en Ícaro

Sin ninguna atadura
apareces en los puertos
como un marinero desconocido
y suplantas a una de esas garzas
que levemente se posan en los navíos
para luego echarte al aire, ascender,
sin temor a que tus alas sean destrozadas.

Foto 1945

Oscuros augurios insisten en esta tarde
    de postguerra
en que la alegría tiene grandes criminales.
A los lados yace la herrumbre
y en el frío temblor de las voces,
en el sitio más inocente
se conservan los últimos ruidos del combate.
Y en medio de esta calle
(hundida, reseca por la ausencia de la lluvia)
aún queda una canción
que no ha sido despojada de certidumbre,
queda el abrir y cerrar del corazón de una
    muchacha
que espera, que solamente espera.

Buey

a la memoria de César Vallejo y Rubén Darío

Todos hemos tenido nuestro buey;
animal tendido a lo ancho de la tierra,
de ancestral, de calmosa baba,
el que vimos con lento paso
cruzar por los frescos yerbazales.

Lunas se esconden en sus ojos de bestia
y es fácil junto a él escuchar
cómo resbalan las aguas
entre piedras y malvados insectos
y el sueño siempre trastornado
por el ir y venir de vagones,
fríos al tacto de la mano.

Ahora la casa permanece distante,
apenas su luz es un asombro para la noche.
Ahí estará la familia bajo apacible techumbre
y casi al unísono dirán: fue muy cruel el verano.

En el otro extremo, no sé si serán
fantasmas o lomas lo que veo,

historias disímiles, botijuelas encontradas
como regalo de algún muerto,
voces, fuego bajo la ceiba, la oscuridad,
única espada cortando la memoria.
El abuelo de seguro murió por estos campos,
inconclusa fue su vida, risueño su rostro,
a pesar de no sé qué espanto contraído.
Pero él también tuvo su buey
(monstruo riguroso)
de tan increíble mansedumbre.

Holguín, 1984.

2

Mirar el río hecho de tiempo y agua
Y recordar que el tiempo es otro río
Saber que nos perdemos como el río
Y que los rostros pasan como el agua

JORGE LUIS BORGES

Simple requiem

Tal vez seas
un nombre entre tantos
el único testigo
de tus horas
o el que arguya
desde el frío hermetismo
de las gavetas
y en una noche
quizás te dediquen
un simple réquiem
o te conviertas
en hermoso descanso
O en fin
uno de esos papeles
que viajan por muchas manos
y luego
          abatidos por el viento
se despedazan
en las afueras

Donna angelicata

a Cary, que anda muy lejos

Por plazas deudoras
en generaciones de ensueño
deambula una estampa desmembrada
Con aliento a flores y a sexo
viaja por el misterio de vigilantes nocturnos
En la fiesta traslúcida de sus pechos
no hay continencia posible
una forma gloriosa la envuelve
y por los circuitos extenuados
sus vírgenes sobreviven
en una arruinada inocencia
Los ómnibus cambiantes de la penumbra
traen su risa como una venganza
La veo en el espacio silente
que alumbran las bombillas
y me pregunto por los demonios que la forman
y azufran su piel de muchacha
que no escapa de ninguna confidencia

Dominios

a Delfín Prats

Permítanle
a este hombre
que no se encuentra
disfrutando del Paraíso
que haga su comparecencia
aunque al final de las palabras
desorbitadamente blasfeme
Mejor que nadie
él conoce sus pequeños dominios
templos
donde aún las puertas de la infancia
se abren
mostrando inenarrables campos
verdes en el fondo de la Isla
Permítanle
que con su propia llave
comience a cerrar
los días y las noches
y en el último minuto
le llegue el aplauso de la gloria
o el espanto del olvido

Visita de hospital

En el delirio de la nada
animales flotan en el aire del patio

Es cuando la familia se reúne
calladamente conversa
descuelga su rostro
                    en una imprecisa alegría
pero aquí
            siempre hay alguien
                            que nada espera

El humo de los cigarros viaja
se expande por la dura transparencia de agosto
El muchacho suicida me habla
sus labios tiemblan
                    repiten el mismo azoro
que se une
al golpe de las fichas del dominó

Mi hermano lee
                busca fotos de una revista

alguna mirada me recorre
veo un temor en los ojos de aquel anciano
que vuelve su cabeza
hacia el desierto del techo
Luego mi hermano queda atrás
entre las blancas camas en hileras

En el reino de los cielos

Asombrosamente se ha descubierto
que los gorriones nunca aprendieron a cantar

Los ojos optimistas de las secretarias
acechan las manecillas del reloj
Tras los cristales preparan la última cita
apurando sus manos mecánicas
sus mentes mecánicas   sus corazones mecánicos

En los territorios enemigos
se firman absurdos tratados de guerra
se violan las fronteras mejor resguardadas
no hay paz en el reino de los cielos

Una muchacha con cara de monja
intenta morirse de sueño
34 grados Celsius por toda la Isla
Los especialistas harán llover
sobre los endurecidos cuerpos de las bestias
sobre los campos inmarchitables

Un poeta de pronto muere en una habitación
su cadáver es encontrado siete días después
Hoy es lunes sin alternativas
en otros calendarios del planeta
se piensa con horror
que el cosmos también sea un lugar para turistas
Bajo la sombra conspirativa de un hotel
una mujer y un hombre se visten   se despiden
como si nada hubiera sucedido

Pequeño apocalipsis

Con la presencia muda
de los gallos del barrio
me azota una mañana de 1987
Con la torpe alegría de los animales
mis pasos van repitiéndose
por los mismos rincones de la casa
Afuera el aire
tiene un perfil de piedra
afuera los niños se divierten
en los árboles de marzo
Y sin dejar testimonio
un vecino ha muerto
en sus propias llamas
Hoy no podría saber
en qué región de la sobrevida
en qué caverna del cielo
volarán mis cenizas
Por las manos
cruzan fríos metales
oigo romperse la barrera del sonido
me asustan pequeños apocalipsis

A través de la ventana

No es la pereza de los árboles
lo que veo a través de la ventana
Árboles y rostros
que se dibujan incontrastables en el cielo

Mi madre a los cuarenta años reía
los amigos y yo
                    con infatigable paso
anduvimos tras el intento difícil
de decirlo todo

En los libros tocamos
la superficie soberbia
de ciudades donde la guerra
había puesto sus nombres

Contra la noche
esgrimimos las mejores preguntas
Algunos de sus espejos
no fueron precisamente turbios
ni hicieron sospechosa nuestra imagen

Caminos desconocidos
se ofrecieron ante los ojos
en un tiempo en que no vencimos
largas extensiones
El jardín iba quedando atrás
envuelto por verjas enmohecidas
inmenso como para sentirse fuera
sólo por una noche

Mis ojos son pequeños para ver

Siglo mío
déjanos respirar
un poco de ternura
y sobre los manteles
tranquilos de la casa
beber el vino que nos pertenece

Ahora
cualquier ciudadano del mundo
trae un infierno
como única recompensa
La velocidad es un cuchillo
en la piel de los amantes
Se le canta
al florecimiento de la siembra
acechados
por infalibles coordenadas
En los hangares
peligra el esplendor
de todas las noches juntas
En las praderas

las bestias felices
huyen al paso de otras bestias
Son exterminadas
las criaturas más auténticas
se cambia de sexo
hay fábricas de bacterias

Siglo mío
mis ojos son pequeños para ver

Amenaza

a Alejandro Querejeta

La tierra
la dimensión exacta de tu vida
el cuarto que habitas
                              la mujer
tus hijos
              los amigos
el más establecido rincón de tu intimidad
todo cuanto posees
                              de pronto
puede hacerse silencio

Pequeña diatriba contra el cobarde

Mientras el cobarde
                    a pierna suelta
fuma su pipa adormecida
afuera el mundo
terriblemente se bambolea
Ante su espejo mágico
                        ante su dios escondido
el cobarde ruega
que no se haga pública su tragedia
También el cobarde
conoce especiales métodos
una sonrisa para convencer
                        a los más jóvenes
un piropo cálido a señoras que sobrepasan
    los cuarenta
Pero al cobarde ni siquiera
lo han podido exterminar
las peores epidemias de la Historia
Sólo que el cobarde

termina mostrando su baraja

                    la noche misma

en que el agua

           le sube al cuello

Borrachos de Velázquez

a Jorge Hidalgo

Felizmente equilibrados
en la cuerda invisible
los borrachos ofreciéndose

Son los grandes ministros del horror
                                    los que mancharon
el silencio de sagradas convenciones
y los oídos que mueren de hastío
en la noche cualquiera de los siglos

Sus narices intrépidas y rojas
prominentes claman un trozo de luz

Para el espectador desconcertado
es costumbre el vino locuaz de su mesa
siempre palabras desarticuladas en el aire
convenientes para el polvo
entre el sabio añejamiento
y la aventura delirante de la sombra

Borrachos que no han probado la hostia
disolviéndose en la mano dividida del hombre

Un alquimista ciego

Un alquimista ciego ha tocado a mi puerta
su sombra es un elogio de otra sombra
Trae el frío de las capitales de Occidente
y otoños moribundos en el siglo de sus ojos
Heráclito en la memoria prepara una venganza
hundirnos en el fondo prodigioso del Río
Un ciego tanteando laberintos y relojes de arena
un ciego que interroga sin temor al silencio
Sobre las luces crujientes de las antorchas
por fin llega y atraviesa la caverna
Conocemos la ceremonia de su doble militancia
nada perderemos con el eco de sus sueños

Sésamo

Abrete   Sésamo
sé benevolente con nosotros
que no somos precisamente los deudores
sino gente que ha visto arder
más de una vez
sus cuerpos en inmensas hogueras

Las vísperas del fuego

Desde los rincones
insospechados de la Isla
la claridad reclama nuestros nombres
Detrás de los telones
la escenografía de la memoria
un valle perennemente sin otoños
las nubes y las tiñosas
descolgándose de un cielo definitivo
Aquí padecemos
la derrota de algunas tardes
y en los blancos nacimientos
hay sombras cautelosas que se resisten
El fondo sigue siendo el fondo
inquietas permanecen las vísperas del fuego
dudosa comunión de las aguas
donde Cristo no estuvo presente

En las líneas innombrables

No pude alcanzar la edad de los jardines
sus dioses improvisados
se hundieron en la fabulación de los espejos
y en las líneas innombrables
comenzó a cerrarse un difícil mecanismo
Hechizadas por un silencio de polvo
las canciones quedaron como inútiles decretos
apenas sin tocar los bordes de la primavera
Algo semejante al Paraíso ahora cruza
pero la videncia magistral del marino
ya no es suficiente
Alegre como un sacerdote
en los peligrosos convites de abril
mi cabeza es un desorden cósmico
un obsequio imprevisible
donde ilustres desconocidos
trazan visitaciones vociferan   protestan
se asoman con miedo de oscuridad
a la negación de ciertos frutos

Un ángel frente al espejo

Siento que un ángel
comienza a vestirse
                    frente al espejo
El mar desordenado
cruje arrojando sus prohibiciones
mientras pájaros posesivos
mueren al tocar mi piel
Confieso que no soy el terrible
                              sino el niño
de ropas inseguras
al que los dioses
le ofrecieron el cielo
Una piedra cuelga de mi techo
libro batallas
sin obtener pérdidas ni ganancias
Puedo también confesar
que me masturbo
contra la candidez
                  de una muchacha
que no asistió al fulgor
de la última noche

Respiro como el ahorcado
en los pabellones de la madrugada
El deseo es un minucioso demonio
que no cesa de girar en las paredes

Una paradoja memorable

a Teodoro Tapia

Cuando arrecia el calor
y sus dedos se aprietan calcinantes
hay lugares reservados para dos
música de corazones estereofónicos
                              también para dos
Y ante el júbilo gratuito
que nos oferta el mar
sobre la arena nocturna
no importan frustrados orgasmos
Algunas virtudes de la Civilización
se encargan de hacer olvidar el estrés
aun las abstinencias de la casa

No obstante
son otros más ardientes los compases al oído
lejos fueron destrozadas
las piedras que levantan la noche de los orígenes
Y en esta misma pieza
(escogida contra el asedio   el bullicio
en la que hubiéramos podido fijar

los desmanes lícitos de cuerpos cuando se unen)
ahora penetran resonancias
que van nombrando el camino del espanto
Qué hacer entonces
serán culpables los espejos del agua
donde *los hombres han perdido una cara*
una cara irrecuperable

Signos

a Marlhenys

Como animales adaptados a la conmiseración
los signos ofrecen el ojo prohibido del amanecer
Bajo los signos todo el odio   todo el amor
una guitarra rota en el cielo
y dos peces que arden alejándose
Los signos fijaron en mi cuerpo
los cadáveres sucesivos de los antepasados
y la paciencia culpable de los que no insisten
a pesar de vivir sobre las piedras
Mis premoniciones serán barcos
transitando las corrientes de sus voces
Signos que no se hundirán
en la falsa quietud de las aguas
que tan fácilmente se brindan

3

Y me respondí a mí mismo y en pro del oráculo:
que era preferible ser como soy.

SÓCRATES

Asuntos personales

Creí ser el huésped seguro del paisaje
el que difícilmente pudiera escapar de las espadas
de fechas que van sumándose a la desmemoria
y me rodean de lobos que ensayan un mismo
    discurso
Fiel a los tropiezos de mi sombra
a la rutina áspera atravesando estrecheces
regalo palabras a un aire de obstinada ceremonia
en el que nombres y cifras tanto se repiten
Por momentos luminosos he sentido que me aman
sin embargo a través de mi ropa
no cesan de rastrear fantasmas de doble filo
Desde lo alto desconozco el brillo de los mapas
La distante fosforescencia de los océanos
me obliga a la mansedumbre de una zona de fuego
Por latitudes de luz prolongándose
mis ojos empiezan a desnudar el fondo del paisaje

El amigo más cercano

a Gilberto Seik

En manera alguna mis órganos vitales
se hicieron para cantar himnos

Sobre las aguas irreprimibles
envolviendo primitivas ensenadas
escucho olfateo el chapotear de los que huyen
(raro instinto de exultación
quizás desconocimiento magro
de la vida o de la muerte más allá de otra ribera)

Mi nombre preciso entre miles de papeles
no acuñará acontecimiento pasajero alguno
Ya mi esperanza es un hombre de 38 años
una historia verdaderamente corta
con un expediente extenso de común ciudadano
y el temor a histéricos caballos
que corren obligados por cada una de mis neuronas

Quedaré viejo mudo tocando las llamas
esa línea a la que el amigo más cercano siempre
     alude

Cuando se dispone el equipaje

Lejos de unánimes fantasmas
por los caminos disímiles del hombre
esta tarde es una tarde
para llegar al centro del Universo
Atrás irá quedando la Espera
un paraíso de incalculable verdor
la perezosa rapidez de oscuros trenes
un andén de otro siglo   un soliloquio desesperado
una mujer que va desgastándose
en los vestidos de su próxima muerte
Es una tarde que el estruendo
de alocuciones esperanzadas no conmueve
en que tú serías el viajero ineluctable
porque a ti sólo pertenecen
las merecidas misteriosas maravillas
el mar todo como la razón misma
de los humanos cuando disponen su equipaje

El mar inalcanzable

Detrás de estas ventanas rabiosas de salitre
(exclusivas para agazapar la vida
frente al mar inalcanzable)
pienso que hubiera sido
otra criatura multiplicándose

Y en esos barcos que ahora oteo sin sosiego
hubiera desandado el horror
y la probidad de la Tierra
para luego verme al trasluz de mi orilla
como viajero que regresa de incierta contienda
y que obedece a esos códigos sinfónicos
que entre nosotros pueden llamarse Patria

Cuerpo de la belleza

Cuerpo de la Belleza
poco ofrecen los espacios que se abren
que hurgan nuestros ojos desmedidos
y rehuyen un lugar en el paisaje
que apenas un instante permanece

Qué manos estarán aptas
qué oídos serán los hechizados
qué palabras llegarán a los podios
sin que antes no sean adornadas
con suave intrascendencia

Mudos andaremos ciegos andaremos
(como lo quiso Brueghel)
por el despeñadero merecido
donde tal vez el Ángel y el Demonio
ya se habrán disputado la Belleza

Un laberinto

Condenado a la lenta prisa del tiempo
un laberinto me regala sus provisiones
En él conocí el desacierto de estar solo
voces que saciaron mi complacencia
y otras que irreverentes fueron abrumando mis oídos
Ante la puerta cerrada de los años
no fue posible transcurrir enteramente la oquedad
Y como todo animal orientado y numerable
mi silueta padece el filo del temor
esta piel que sin remordimiento alguno
se reconcilia con la miseria del recuerdo
y con la pureza simple de un nacimiento

A la altura
de los muros de las cúpulas

Accesibles permanecen los terrenos
    de la primavera
sin embargo *ningún niño salta de mi vida*
    para restaurarla
hoy es una moneda que no sabe detenerse entre
    las manos
La fugacidad (por su parte) sigue negándonos
obligación de olvido para los que aún prodigan
incluyendo a esos monstruos intolerantes
que frente a las imprecisiones heroicas
pueden cerrar la puerta de su negocio
a cualquier regresión de adolescencia
Ahora miro mi cara afeitada de adultez
representa un difícil contrato con la realidad
se aferra a parcelas de la Justicia
tanto a favor de la Tierra como del Cielo
A la altura de los muros de las cúpulas
la magia inexplicable de instituciones mayores
se empeña en el juego de cambiarnos el rostro
Los canales vislumbran acontecimientos
pero lo ignoran las multitudes la indulgencia

de sísifos pertenecientes a una pobre mitología
que han cargado con el ruidoso silencio de su época
sin escapar al desastre de la siembra

La vida

No será el rincón más oscuro del camino
ni una espada amenazando nuestra médula
ni los ojos llenos de horror frente al abismo
junto al aire limpio de otras mañanas
ejerceremos un oficio para salvarnos

Cada mañana

Hoy abrí el mundo entre mis manos
y un estremecimiento
ha recorrido mis ojos
un presagio
        que cada mañana
se cierne sobre el nombre de los que amo

En el rito del descenso

He visto los más dulces cadáveres
irse quedando olvidados en el rito del descenso
Muertos que sin gloria sin infierno
se graban en la tarde blanca de su culpa
En el brillo peligroso de su acecho
los cristales sordos buscan repetir la ausencia
De la noche que esconde todas las noches
estos reposados difuntos vienen a disentir del cielo
Para ellos el aire se agrieta por minutos
hay en la paz una guerra que los sustenta
se divierten enumerando nuestros días por vivir

Árboles brisa marítimos jardines

Tu voz en el vacío de las cinco de la mañana
nada significa contra el bronce derribado
Es la continuación del Universo
donde eres un cuerpo hijo del polvo vanidoso
que se calma (bajo ciertas circunstancias)
con la resignación tibia de un sexo
Piensas que dentro de un instante
el misterio que atesoras
tus pesadillas particulares de medianoche
serán imágenes desgastadamente públicas
Buscarás opciones
árboles brisa marítimos jardines
campos después de la recién milagrosa lluvia
un compañero de viaje como lo hizo Dante
quizás nuevas palabras (huidizas palabras)
que desistan de aburridas consonancias
como levantarse vestirse acostumbrarse dormirse
    derrumbarse

Armonía del suicida

Los días y las noches son trazos que discurren
sustentándolo entre puertas y sonidos reticentes
donde hilvana una frase sobre otra frase
sin que viejos o nuevos inquisidores se detengan
    en ellas
Él conserva el Don de imaginar aire
siente olores distantes de frutos prohibidos
y se le permite (según reglas del espiritismo)
acercarse a paganos o venerables espectros
—el abuelo sopesando monedas de oro
de una botija que todavía apetece en los sueños—
Tiene (como debemos tener los mortales)
la misión de ir procurando cómo salvar la piel
de cierta rabia que desatará el verano
La embriaguez (trofeo por sus vastas epopeyas
    perdidas)
le hace distinguir a través de cierta armonía
    de la sombra
a estáticos animales prehistóricos
cuyas lenguas amenazan con sugerencias
En numerosas confesiones (tardía resignación)

reconoce que ya su techo no es el cielo amplio
de nubes desplazándose por encima de una
    infancia verde
sino el territorio único y silencioso
para colgarse de una soga

Música

para Lourdes González

Nadie puede matar a la luz; sólo pueden sofocarla
MARGUERITE YOURCENAR

La vigilia trastocó sus garras
lanzó cristales a los reflejos de otros cristales
mientras cercenaba tus alegres cuerpos
por las principales permanencias de la sobrevida

En las azoteas países de palomas
Creímos en la época de las flores
cuando el mundo era un cobertizo
abierto a los furiosos

En la tarde vehemente regresa la música
trae estaciones precarias
archipiélago fronterizo sin vastedades
azoro compartido minuto tras minuto
vértigo y sedientas paradojas
Sus agujeros de luces sus manos obcecadas
tocando el labio morado del vino
en perfecta conspiración contra la muerte

Idénticas son estas canciones
al odio sin edad que junto a las hogueras
    conocimos

juzgadas fueron sin ser del todo pecaminosas
sino un corto sermón en la cabeza de los sordos

Música como el último signo
en la boca del moribundo
Tus alucinaciones de alabanza
no pertenecen al reino de los archivos
El corazón no es un objeto manipulable
ni esas estatuas de piedra indefensa
ahogándose en los conciertos transparentes
brindados por los cielos

Por el hueco de la cerradura

Nadie es dueño del viento que agita la madera
Libertades se adentran en mi cuarto de esperar
donde reposan irreconciliables viajeros
Sin prisa transcurro por desnudas verticales
y ejercito la costumbre milésima
de adoptar una misma bestia enfermiza
                    que sin previo aviso
se apodera de mis diarias desavenencias
En el apretado muro de esta noche
en las posiciones simétricas
                    que benevolentes me ofrecen
sé que un gesto muy simple
podría acercar el cuerpo a su goce
Oigo del cielo irrumpir claras mudanzas
irreparables noticias desde el otoño
y para los dioses una música exclusiva
En el puro silencio en las edades de la sombra
aprendimos a amar las autoconfesiones
batallas de triunfo sobre enemigos con credenciales

Y aunque el oído siempre atento del que aguarda
crea adivinar al visitante por el hueco de la cerradura
una sola mano no alcanzará su proyecto
Es el viento el dueño de las grandes decisiones

Su lejana su inocente sinfonía

Noche de septiembre
no restringida a los límites cinéticos de la sombra
sino que llegas confidencial
por los circuitos computados de la Historia
y con tu paso agotas las rígidos manuales
hundiéndolos en tu cuerpo de anunciación
Se sabe que en las habitaciones umbrosas
    de la burocracia
aún se benefician trasegando el expediente
    de los hombres
De prisa cruzamos los suburbios finales del siglo
la inclemencia no deja de endurecer los mármoles
pero hay piedras (bruñidas a la usanza de otras
    dinastías)
que su destino impaciente
no encuentra posibles encrucijadas
Fuera de lo pétreo están las constelaciones
el prójimo duerme una temporada de insomnio
no conoce no descubre el verdadero vientre
    del animal
Ya sin temor a los daños en la rudeza de la ceiba

cumpliremos la sentencia de la tiñosa en cruz
Para esta noche que me salva entre sus círculos
sería difícil creer que se levanten nuevas barricadas
Las dudas podrían ser ecuaciones indescifrables
únicamente el cosmos (que no exige documentos
    de viaje)
ofrece su lejana su inocente sinfonía

Lindes

Enemistades con la feroz vocación del olvido
las lindes sobreviven
a la presencia conminatoria del invierno
Lindes que fueron rojas calcomanías
bosque clandestino de la memoria
en el que me impusieron distancias sucesivas
A estos confines severamente terrenales
les debo la suerte harto agradecida
y la inmovilidad diversa de los pueblos que transito
Pero las lindes persisten
son sus claridades divertimento
para el ojo que no es el mío
Sabanas con la misión de no entregarse
al placer de otros círculos de agua
Lindes finalmente en un fijo patrimonio
artilugio en el que se imprimen oxidadas órdenes
donde aves de vuelo ineludible
han comenzado a escudriñar sus primeros nidos

El navegante

para Lalita Curbelo

Aún nos devora la idea del navegante
con él andaríamos como niños ensimismados
si el fastidio del mar tan fuera de los ojos
Asistidos por las aguas perpetuas
de todos los eneros que recomienzan
(sueño y castigo del profeta)
es un asombro triste
                        sólo trazar palabras en la arena
Nada pido para mi último delirio
a no ser evidencias de la realidad
Mi casa sigue siendo semejante a la Tierra
en sus códices establecidos
                        envejecen los poderes
y lentamente van cerrando mi soslayo
Desde otras décadas se tienden manos
señalándome
Cuánta perdida sabiduría
en los relojes de leve detenimiento
huellas que salvaguardan la imagen
contra el designio de humanas disposiciones
Por fin barcos y costas invaden mis sentidos
iridiscencias complaciendo el sabor de las islas

Eternas consignas
                que año sobre año
divagan como herencias
reducidas al instante que no es Historia
y que nada en su trasfondo nos revela

Jueves de blancuras por venir

Extremadamente deseoso
me he hecho cómplice de las claridades del cielo
A veces los dioses menores intentan dialogar
acaso interrogarme en un dialecto fuera
    de mi alcance
Como buen cristiano que nunca pude ser
en el reverso de mi puerta de auxilio
(sin santos ni estampas conmemorativas)
sólo se conserva una milimétrica hendidura
por ahí cruzan pedazos estrictos del mundo
personas que afirman personas que con fuerza
    dudan
Los jueves (según rezan horóscopos dudosos)
son mis días felices de acostumbradas
    contradicciones
En ellos prefiero los mensajes del aire de marzo
que vienen se alargan sin saber dónde esconderse
Suelo atisbar la sombra de los solares extensivos
a mi diaria vecina que levanta levanta sus brazos
siempre tendiendo en las tardes *blancuras*
    por venir
con la única modesta razón de salvarse

Los juegos preferidos

Opuesto a las miserias comunes
hijo de la extensa arena
los privilegios de febrero me convocan
Serían absurdos los actos
que separan la imagen de la imagen
Tuve un padre de escarcha
y el oficio de apretarme al filo del cuchillo
A la deriva contemplo arcángeles
ingenuas torpes espléndidas cabezas asintiendo
A la luz de los ríos reinventé fantasmas
complacientes pasillos celestiales
y un refugio para el discurso de la lluvia
Opuesto a la candidez de los prodigios
cambiaría para siempre algunos nombres
de las cábalas de los sueños
En los límites que abrazan mi sombra
        mi respiración
(única privacidad de los mortales)
hubiera podido ser el héroe
diáspora animal invulnerable
o ese audaz equilibrista
                        que permanece
bajo los juegos preferidos de los astros

Extranjera de la memoria

Frente a los vestigios de los antecesores que soy
mi imagen repentina por los espejos
ha sido burlar el disentimiento de relojes
que asfixia y reclama su arena detenida
Lejos del candor de las palmeras
de aposentos de verdades antiquísimas
mis voces fueron separadas de otras voces
aunque éstas en una gran parábola crecieron
Mi silueta resistió la ruina de las despedidas
le hicieron acrecentar incuestionables dudas
pero no quiso dispersarse
                              por temor a la justicia
que el tiempo bien sabe depararnos
Fui el hombre solo inconexo a sombras numerosas
que cruzó los mediodías de una Isla elegida
al que finalmente le entregaron la enseñanza
      del fuego
y esa mirada efímera de alquimista
que en la muchedumbre insidiosa
siempre será extranjera de tanta memoria

Los cristales quietos del poeta

Dentro de la llovizna sucia de octubre
la ciudad proclama sus vastos mensajes del futuro
Sordo contemplo el agua recurrente
sabiendo que nadie ofrecería su rostro
    a la intemperie

Tras los tabiques que formula la lluvia
distraigo la incoherencia de mi sentido común
en manosear las paredes erguidas
hechas para la cautela de las momias

Esta llovizna no es precisamente
la que golpea los cristales quietos del poeta
Es otra que trafica con el cielo
y no permite asomarse
a los detalles pintorescos del horizonte

Obstinada la humedad encierra mi cabeza
La mañana ha ido sepultándose
en las vísperas de otras mañanas
será la breve la cotidiana recompensa
de una gloria que se extingue

Debo limitarme a lo blanco a lo azul
de los muros familiares que persisten e interrogan
si moriré la mitad de mis muertos sin futuro

4

Una moneda tras otra moneda

Malgasto una moneda tras otra moneda
en constante adversidad
frente al aire enemigo
La abundancia de luz alrededor
que se ciñe a un verde imponiéndose
posee la magistratura de cegarnos
Siempre la madre y alguna oración
en la hora turbia me acompañan
porque el hombre es un experimento
habituado a ganar la desmesura
a perderse en sistemáticas distancias
(brisa y humedad de los caminos
que se adentran hasta suprimirnos la voz)

Frente a las espadas del viento
la codicia por descender
sería largo y explicativo discurso
y aún más difícil disertar sobre el ascenso
(cotidiano eufemismo   blanca partitura
para locos que pudieran entonarla
aunque mañana sean apaleados)

Después de las efímeras monedas
(brillo arrebatado por el aire)
caigo en las inútiles cuentas del Tiempo
Saber que los años   los siglos de una era
han ido contándose de igual forma
Que las grandes   las victoriosas trayectorias
han quebrado la respiración de las flores

En una balanza inmóvil

Como un vicio hereditario
sabiamente se alejan y regresan los meses
y otras nuevas preferencias vuelven
pero a pesar de esta urdimbre
los entornos estrechan sus hilos telegráficos

Aparecen clérigos de guayabera
que con profecías de sus deidades
han comenzado a rezar por nosotros
que no sé si en verdad
seamos los únicos pecadores

En una balanza inmóvil
(secreto en la soberanía ruinosa de los jardines)
crece por momentos la subsistencia

Al otro lado de los vitrales
y mezclándose a la confusión de sus tintes
se advierten rápidas columnas de sombras
aullidos de ciclones frente a las puertas

Se sospecha que el ejercicio del recuerdo
será perderse por las cavernas del cielo
o ese vacío terrenal
sin noticias ni pronóstico alguno

Mi semejante

Aquí está la gruta
y en ella la vigilia
y en ella el ojo inevitable del Cíclope
señalándonos su única perspectiva

Quedan aquí
los animales empobrecidos
los nombres soñados del disfrute
y la tersura riesgosa de los amantes
que deseosos por adivinaciones

                     reencontrábanse
en plazas que no fueron Tebas asediada

Ahora en medio de la pupila
que de alguna manera permanece insomne
despierta la carencia de luz
se aumentan las cenizas   el desorden de
cristales
de barcos que huyen sigilosos
hacia orillas irremediables
(quién sabrá   quién pudiera intuir el final)

Desde las ventanas de los trenes del mundo
vemos cruzar los campos de la Patria
En ellos nos falta la nieve junto al fuego
pero ciertamente nos sobra
la terquedad de una sola estación

Sobre los negros símbolos del almanaque
vienen siluetas cortándonos el paso
Mi semejante y su reverso
rugen salmos iconoclastas
pidiendo a gritos
                    una visa para el Infierno

Una playa desierta
una partida de ajedrez

Después de cruzar el mundo en busca de la Verdad
mi escudero y yo anduvimos por una playa
    desierta
Sobre la arena gris compartimos el cansancio
    de distancias
de mares epidemias montañas descoloridas
    en la imaginación
El desaliento sin frontera (común en estas
    andanzas)
había hecho que mi mente mi lengua
    se trastocaran
Por tal razón e indicaciones del Demonio
revelé mi estrategia de triunfo en una partida
    de ajedrez
Pretexto para que un monje de negro repentino
nos mostrara el rostro inapelable de la muerte

El día de los inocentes

a Isabel García Granados

Nunca aceptaré las vísperas
por tal hecho desandarán fragmentados
    mis difuntos
Sí me benefician ríos atravesando planicies
el mar quieto de aquel sábado
cuyo brillo no quiero se extinga

Es posible que mis espíritus indóciles
sean admitidos en la Gloria en el Infierno
(marchitas catedrales que asustan
a pesar de que ahora vuelvan a tentarnos
como sitios predilectos mientras pasa el huracán)

Por el relumbre que van tomando los objetos
adivino que mis abuelos todos se acercan
    me contemplan
Tolerantes enseñan grandes rodajas de frutas
       ES UNA DESGRACIA
luego será un aire de olvido que proteste

Puede que regrese a lugares presentidos
    por los sueños

irrumpan meses que despierten nuevas
confirmaciones
y en uno de ellos
(en un país que fue y será bosque regresivo)
me vista con la ropa displicente del peruano
la que bien se ajustó un jueves para su viaje
Ya en el fondo del recuerdo
mi familia agrupada se asoma
Al camino lo adornan retoños
nacidos en el agujero oscuro del pedernal
En derredor cruzan bestias ahogadas
anegados campos se pierden en los ojos
y «Cariñoso» (manchas que aún retozan
en una foto sin esquinas)
le ladra incansable al paso forzado
de las vacas sobrevivientes

Si mi madre volviera joven con nuevas golondrinas
si apenas sintiera a los muchachos
llorar al otro lado de la pared
aquella costumbre de fiebre
en el Día lejano de los Inocentes

Encima de la roca

Bajo el fugaz esplendor ofrecido
los proyectos han seguido siendo
endeble inscripción al amparo público

Quizás tu sombra y la mía
sean una periferia escoltándonos
un oscuro fardo lanzado a la tierra
como heredada posibilidad de fondo
donde zurdamente alcanzamos a transcribir
los designios que nos fueron dados
A la edad de tu vida
de mi vida encima de la roca
son aterradoras las creencias
de ilustres arrendatarios
inclinados a distorsionar el curso del Río

En las redes ya advertidas por la suerte que escapa
podemos perecer en el mismo zodíaco
el que se ha leído con fuerte voluntad
pero nunca en diferentes lenguas

Gozosa claustrofobia

Tus días y los míos han sabido permanecer
junto a puertas y muros de repetida indiferencia
mientras blindados artefactos   pájaros luminosos
navegan y navegan abarcándonos el cielo
He revisado bitácoras   he consultado horóscopos
                                para saber
a dónde irá a parar tanta gozosa claustrofobia

De pie frente a la orilla
o bordeando arrecifes homicidas
la luz del Trópico descubre barcos codiciables
(cuánto hubiera dado   cuánto diera ahora
por tener un poco de sus colores en mi bolsillo)

Es común que rodeado por estos mares
de entre los escollos aparezcan aborígenes
                        que sin descanso
ofrecen la desnudez de las islas
(brillo de un oro insepulto   luego repartido
que hoy se cambia por escasa bisutería)

Es toda una existencia que transcurre
refugiada sobre la piel de un saurio
—hijo mayor de una zoología—
que no admitirá alteraciones

Transfiguraciones

Entre los escombros de una época
fueron sitiados nuestros jóvenes deseos
(inocencia pretérita de peces
que sumergiéndose en playas imprecisas
perdieron la arena dorada de otros días)

Acosados por el amor a las transfiguraciones
desertamos de horizontes escogidos
hacia el estrecho vértigo de las carreteras
hacia provincias de filosos cañaverales
a esa auténtica realidad
compuesta por los mediodías de la Isla

Con toda justicia podemos preguntarnos
qué galardones   qué remuneración
ha llegado para quedarse en nuestras manos

Las raíces de los bosques
están sujetas a las calamidades del desierto
a las leyes de la podredumbre
(árboles sin otoño
                          que sus copas más altas

han sido escamoteadas por argumentos
    patriarcales)

Nos queda (como estricta pertenencia)
las libres pulsaciones de la sangre
y la zona inconfiscable de los sueños

Anotaciones para un archivo

Ya la ciudad representa una cifra de habitantes
Así la vida como el apresamiento de sus lluvias
asciende y desciende de acuerdo a límites
a una incipiente pero sospechosa astrología
Los cerrojos de las puertas   el acero
    de las ventanas
no guardan ni secretos ni tesoros
ni a través de ellas será probable alcanzar
    el mundo
El espectador   el que busca zonas transparentes
tal vez una opacidad lúbrica donde extasiarse
también pudiera otear el trasiego
    de adolescentes
ávidos ante el brillo importado de nuevas
    etiquetas
Paradójicamente hay ríos que han seguido
    su curso
sin embargo sus márgenes   como algunos
    cuerpos
padecen la tiranía geográfica del desencuentro

Las noches conservan el milagro de relojes
      empecinados
de templos abiertos que entre acordes
      electrónicos
perseveran en salvar nuestros días
Aunque un aire de sal desde lejos nos traiga
      canciones
y estemos en un sitio de *confortable arcilla*
todas las edades me amenazan
y todavía en la memoria el aliento de los que
      huyeron
Dejar que el agua se ahogue en el tiempo
esperanzarse con la promesa de los peregrinos
tener el privilegio de un cementerio como la Isla
sería una de las peores   hipócritas venganzas

El regreso

Luego de cumplir con las peores misiones
(las de comerciar mis neuronas
con la truculencia del futuro)
me seduce el hábito gobernante
de regresar a los ladrillos ásperos de la casa
expuestos como lagartos a la desolación

Debo ir y venir bajo los techos del recogimiento
que atesoran tedio alegrías
las primeras masturbaciones
y el depuesto furor de querer escapar

Sólo la ganancia de la sombra me pertenece
al igual que el páramo obligado del patio
donde la luna (talismán en su alta soledad)
sigue con sus manchas burlándose de nosotros

Por turbiedades de luces indefensas
cada mañana avanzo hacia el ritual del sustento
el que una mano con astuta dulzura
todavía entre mis manos sabe repartir

Gestos sitios memorables

Pudiera ser todo lo hundido todo lo rescatado
por donde penetra impune la muerte
y se pierden los pasos por inútiles aniversarios
Son aquellas muchachas y muchachos
(ahora retenidos en la festividad de postales)
que fijaron el mar y el cielo en sus ojos
queriendo conquistar una ínsula mejor

Sea la estridencia de los que huyeron
el gesto complacido del apátrida
                              que pródigo retorna
sin saber que lo espera un regazo de sombras
    contrariadas

Los sitios son depositarios
de sueños   renuncias y confesiones
y más que un misterioso trasunto
los mismísimos espejos culpables
                    en los que a diario
contemplamos nuestro rostro en la pura extinción

Desde luego estará tu cuarto
y la tenacidad de un amor que permanece
que a una señal convocada por el recuerdo
con infantil sigilo nos invitaría a telones desnudos

Los gestos   los sitios memorables
no vacilan en darnos su presencia
regresan por el costado oscuro de sus disfraces
siempre junto a la pavorosa suma de los días

Índice